Georg Dietlein

Freiheit,

die ich meine ...

25 Jahre
Freiheit und Einheit

Herstellung & Verlag: BoD – Books on Demand, Norderstedt
ISBN: 978-3-7386-3995-7
Printed in Germany

Die Revolution der Freiheit

Tiefgründige Fragen erfordern tiefgründige Antworten. Und da liegt das Problem: Oft sind es schon die Fragen, welche den Blickwinkel des Antwortenden in eine gewisse, möglicherweise falsche oder unpräzise Richtung lenken. Oft sind es aber auch die Antworten, die sich von der Frage entfernen und lieber an Ideologien als an der Realität Maß nehmen.

Dieses Problem eröffnete sich mir, als ich anfing darüber nachzudenken, wie sich die Deutsche Einheit „gestalten" lässt. Eine solche Frage setzt bereits voraus, dass man Einheit überhaupt „gestalten", „herstellen" und damit gleichsam „produzieren" kann. Sie unterstellt aber auch, dass Einheit ein gestaltungswürdiges Ziel ist, dass es sich „lohnt", Einheit gemeinsam zu gestalten. Konkret verbindet sich damit die fundamentale Frage, ob die Deutsche Einheit als solche überhaupt Wille der Deutschen ist und war.

Ich selbst bin der Überzeugung, dass man Einheit nicht schlicht „gestalten" kann – genauso wenig wie sich Liebe und Zuneigung „herstellen" lassen. Der Deutschen Einheit liegt eine bereits bestehende Einheit voraus. Dass sich diese Einheit allerdings konkret ausprägen und verwirklichen kann, obliegt der individuellen Gestaltung. Sie ist eine bleibende Aufgabe an die Politik, die Voraussetzungen für die gelingende Durchsetzung dieser Einheit schaffen kann. Zunächst ist es aber ein Auftrag an jeden Einzelnen: Diese zugrundeliegende Einheit lässt sich nicht einsam, sondern nur gemeinsam leben.

Was, wenn ...

Was wäre, wenn es zum 9. November 1989 niemals gekommen wäre? Wenn es gar nicht zum 9. November 1989 hätte kommen müssen? Etwa deshalb, weil die Ideologie der DDR doch aufgegangen wäre? Weil den Bürgerinnen und Bürgern nach 1945 das schlichte Vergessen der Vergangenheit lieber gewesen wäre als der grundlegende Aufbau eines demokratischen Gemeinwesens nach westdeutschem Vorbild? Oder aber deshalb, weil sich die DDR immanent zur Demokratie weiterentwickelt und es einer Wiedervereinigung, eines Bei- oder Übertritts zur Bundesrepublik gar nicht bedurft hätte? Vielleicht hätten sich gar der ost- und der westdeutsche Teil parallel zu zwei souveränen Staaten in demokratischer Hochkultur entwickelt und damit auseinander gelebt? – Theoretische Überlegungen, die uns heutzutage – mehr als zwanzig Jahre nach der „friedlichen Revolution" – als zu weit hergeholt erscheinen. Dabei lag in historischer Betrachtung eine solche Zwei- oder Mehr-Staaten-Lösung gar nicht allzu fern. Bereits die Teilung Deutschlands bei der Besetzung im Jahre 1945 spiegelt die Angst der Siegermächte wieder, erneut einem später wiedererstarkten Deutschland gegenübertreten zu müssen. Eine solche Furcht war angesichts des Ersten Weltkrieges gar nicht unbegründet.

Die deutsche Wiedervereinigung ist und war ein kontingentes Ereignis, eine nicht notwendige historische Entwicklung, die sich in der Form nicht hätte ereignen müssen und die auch nicht von allen Seiten her gewollt war.

Worauf will ich nun mit dieser Was-Wenn-Struktur hinaus? – Mich persönlich bewegt die Frage, worin der tiefere „Sinn" der deutschen Wiedervereinigung liegt und lag – kurz gesagt: Was brachte viele tausend Bürgerinnen und Bürgern am 9. November 1989 auf die Straßen und stieß eine Entwicklung an, die schließlich zum 3. Oktober 1990 führte?

Der 9. November 1989 hat sicherlich viele verschiedene Ursachen. Im Vordergrund stand bei der Friedlichen Revolution aber – so paradox es klingen mag – gar nicht die Einheit, sondern die Freiheit. Was bereits seit 1945, also 44 Jahre lang, nicht Realität in der DDR war – die Einheit der Deutschen – wurde auch in den Montagsdemonstrationen und am 9. November 1989 nicht plötzlich zum neuen politischen Hauptziel. Im Vordergrund des 9. Novembers stand die *Frei-*

heit. Zugleich ging es dabei um Menschenwürde, Grundrechte und staatsbürgerliche Rechte. Die Einheit wurde zum Vehikel der Freiheit. Die Bürgerinnen und Bürger der DDR waren seit Jahrzehnten entrechtet worden – Freiheit war nur noch in der Einheit zu haben.

Diese Freiheit stand in Abhängigkeitsbeziehung zur Einheit. Die primäre Forderung der geknechteten und in ihren Rechten verletzten DDR- Bürger lautete: „Wir sind das Volk" – die Forderung nach Meinungsfreiheit und nach – faktischer – demokratischer Einflussnahme. Erst an zweiter Stelle stand die Forderung „Wir sind ein Volk". So sehr wir uns am 3. Oktober 1990 über die wiedererlangte Einheit des einen deutschen Staates und des einen und unteilbaren deutschen Staatsvolkes freuen, feiern wir am 9. November 1989 weniger den Sieg der Einheit als den Sieg der *Freiheit*. Der 9. November 1989 ist als „Tag der Freiheit" daher der eigentliche „Tag der Deutschen".

Freilich – auch die Einheit hat ihren eigenen Wert. Ständiger Staatsauftrag der Bundesrepublik war nach der Präambel des Grundgesetzes: „Das gesamte deutsche Volk bleibt aufgefordert, in freier Selbstbestimmung die Einheit und Freiheit Deutschlands zu vollenden." – Hierin drückt sich das Selbstbestimmungsrecht der Völker aus: Deutschland war 1871 *ein* Staat geworden. Nur das Volk als solches oder in demokratisch legitimierter Vertretung hätte diese staatliche Einheit wieder aufgeben können. Das war 1945 aber weder geschehen noch intendiert. So blieb die Wiedervereinigung ein dauerhafter Auftrag an die Bürger von „West" und „Ost" – nicht aber aus ihr selbst heraus, sondern aus der Freiheit des Einzelnen, der Freiheit der Völker. Schließlich waren es die Bürgerinnen und Bürger, die die Mauer überwunden haben, nicht ein abstrakter Wunsch und Gedanke von „Einheit".

Der deutsche Sonderweg

Die Friedliche Revolution am 9. November war für uns ein Glücksfall. Sie war für uns vor allem deshalb ein Glücksfall, weil sie sich in der Geschichte Deutschlands als einmalig und einzigartig erweist. Deutschland hat nie eine Revolution erlebt, in der sich „Nation" und „Freiheit" verbanden – anders als in Frankreich und Russland. In Deutschland gab es keine Revolution nach dem Modell von 1789 oder 1917. Auch bei diesen Revolutionen stand nicht der „Aufstand" oder der „Neuanfang" im Vordergrund. Ähnlich beim amerikanischen „War of Independence": Es ging nicht um Unabhängigkeit, um Trennung oder Separation an sich – die staatliche Unabhängigkeit war bloße Folge, notwendige Konsequenz und Bedingung der Möglichkeit von individueller Freiheit und demokratischer Selbstbestimmung.

In Deutschland war es niemals zur „richtigen" Revolution gekommen. Auch die „Revolution" von 1830 und die „Revolution" von 1848/49 wird man mangels Durchsetzungskraft und mangels eines gebündelten, zielgerichteten Aufstands nicht hierzu zählen dürfen. Historiker bezeichnen diese deutsche Entwicklung als den „deutschen Sonderweg". Ein solches historisches „Manko" mag für uns heutzutage nicht als besonders problematisch erscheinen. Immerhin leben wir doch genauso in Freiheit und Selbstbestimmung wie das französische Volk. Beim deutschen Sonderweg geht es aber nicht um das „Produkt", sondern um den „Prozess".

Im Gegensatz zu anderen europäischen Staaten haben wir den Dreiklang von „Einigkeit und Recht und Freiheit" niemals „in Aktion" erlebt – uns fehlt ein historisches Datum, auf das wir unsere Einheit in Selbstbestimmung zurückführen können. Uns fehlt das historische Gedächtnis und die historische Erinnerung. Sicherlich: Gerade im Vormärz und der Zeit nach der Märzrevolution kamen die großen Wertbegriffe „Einheit" bzw. „Nation" und „Freiheit" auf. Nationalismus und Liberalismus standen dabei aber häufig im Gegensatz: Auf der einen Seite die Forderung nach dem großen deutschen Staat, der das, was zusammengehört, endlich zusammenführt. Auf der anderen Seite die Bürgerinnen und Bürger mit ihrer Forderung nach Meinungs- und Pressefreiheit. Ein solcher „Staat der Freiheit" war auch ohne Einheit zu haben. Erstere Bewegung, der Nationalismus, schloss allerdings – trotz des Wunsches nach Einheit – nicht notwendigerweise die Verwirklichung der Einheit in Freiheit ein. Die Einheit der Deutschen kam 1871, und zwar „von o-ben". Das Streben nach Einheit führte zugleich aber auch zu einer exzentrischen und chauvinistischen Form des Patrio-tismus, der „Einheit" und „Nation" mit Ab- und Ausgren-zung verwechselte, die schließlich zum Nationalsozialismus führte und die Freiheit des Einzelnen pervertierte.

Die Wiedervereinigung

Am 9. November 1989 hat das deutsche Volk die Wiederver-einigung erstrebt und verwirklicht. Diese Friedliche Revolu-tion war und ist die „deutsche Revolution" – eine Revoluti-on, die nicht allein die Einheit suchte. Es ging zuerst um die *Freiheit*, nicht um die Einheit ohne Freiheit. Dies ist das Be-sondere am 9. November 1989: Dieser Tag war viel mehr als der Anfang der Wiedervereinigung. Der 9. November 1989 war und ist die deutsche „Revolution der Freiheit".

Damit schließt sich der Kreis zu unserer ursprünglichen Fra-ge. Das, was Bürgerinnen und Bürger am 9. November 1989 in der DDR auf die Straßen brachte, war nichts anderes als das, was sie sich schon seit vielen Jahren und Jahrzehnten für sich und andere erhofften, weshalb sie sich trotz diktatorischer Zermürbung, drohender Entrechtung und Gewalt zu protestieren trauten und was bereits 1789 in Paris erkämpft worden war: die Freiheit. Sie ist das Herz der deutschen Wiedervereinigung.

Der Wille des Menschen ist viel stärker als eine Mauer. Was uns noch heute mit der Wiedervereinigung verbindet und weshalb es sich immer wieder lohnt der Friedlichen Revolution am 9. November 1989 und der gemeinsamen Antwort am 3. Oktober 1990 zu gedenken, ist der Mut von Bürgerinnen und Bürgern, die ihr Leben riskierten, ihre Häuser verließen und Zeugnis für „Einigkeit und Recht und Freiheit" abgaben.

Kultur der Erinnerung

Jedes Volk hat ein Fundament. Es gibt viele verschiedene Ausprägungen dieses Fundaments: bei der Sprachnation die Sprache, bei der Kulturnation die Kultur usw. Bei uns Deutschen lässt sich dieses Fundament, wie bei vielen anderen Nationen, nicht ganz eindeutig festmachen. Gerade in Zeiten der Globalisierung fällt uns die Identitätsfindung nach innen und die Abgrenzung nach außen immer schwerer. Hier ist von Begriffen wie „Kultur", „Leitkultur" und „Grundwerten" die Rede. Doch leicht fällt es uns nicht mehr zu sagen, was diese gemeinsame Grundlage ausmacht.

Ein Volk ist eine „Schicksalsgemeinschaft". Jedes Volk teilt eine Erfahrung, ein Datum, eine Erinnerung, die es zu *einem* Volk macht. Das Volk Israel ist eines der besten Beispiele, um diese Grunderfahrung aufzuzeigen: Hier ist es die Erfahrung, dass der gemeinsame Gott, der IHWH, der „Ich bin da", seinem Volk gütige Liebe und Huld offenbart – es ist die grundlegende, fundamentale und existenzielle Erfahrung und Erinnerung des „Exodus", der Freiheit, des Auszugs aus Ägypten. Die Erinnerung an diesen Befreiungsschlag Gottes wird jedes Jahr wieder ins Gedächtnis gerufen. Nur dann, wenn diese Erinnerung wach gehalten und an die nächste Generation weitergegeben wird, bleibt das Volk als solches bestehen, bleibt die gemeinsame Grundlage, das identitätsstiftende Moment, erhalten.

Genauso ist es bei uns Deutschen: Was macht heute unsere Identität aus? – Da ist zunächst die traurige und schmerzliche, aber untilgbare und stets mahnende Erinnerung an den Holocaust, die menschenunwürdige und perverse Massenvernichtung der Juden und anderer schutzwürdiger Minderheiten in Europa. Dieses Verbrechen ist unserem Volk ins Herz geschrieben – nicht als Kollektivschuld, sondern als kollektive Verantwortung und als dauerhafte Lehre.

Zugleich ist aber auch die deutsche Wiedervereinigung, ein eigentlich sehr schönes und befreiendes Faktum, Grundlage unseres nationalen Selbstbewusstseins. Der 8. Mai 1945 als „Tag der Befreiung" ist ebenso „Leitkultur" und nationales Gedächtnis wie der 9. November 1989 als „Tag der Revolution". Die deutsche Einheit, wie wir sie heute vorfinden und noch fortentwickeln bzw. vollenden können, ist erst dann in ihrer ganzen Fülle aufgegangen, wenn wir die Erinnerung an den 9. November 1989 wach halten. Der 9. November 1989 ist *die* historische Grundlage, die uns verbindet – vielleicht sogar weniger als Sprache, Kultur und Traditionen. Dialekte, regionale Eigenheiten und „Multikulti" finden wir in Deutschland an jedem Ort – überliefert durch Jahrhunderte, festgehalten in Gemeinden, Regionen, Bundesländern, separiert und modifiziert durch die Mauer.

Besinnung auf das Gemeinsame

Die deutsche Einheit vollenden können wir dann, wenn wir uns auf das Gemeinsame unseres Landes und Volkes besinnen. Dieses verbindende Element sehe ich vor allem in der gemeinsamen „Kultur der Freiheit", für die der 9. November steht und die im Grundgesetz als „Recht der Freiheit" Schriftform angenommen hat.

In unserer Zeit setzt Einheit gestalten voraus, dass wir uns wieder an diese staatstragenden Elemente erinnern. Dies ist gerade deshalb umso wichtiger, da die Erinnerung an den 9.

November verblasst, während der 8. Mai 1945 und die Schreckenszeit davor möglicherweise schon vergessen sind. Die Erinnerung an diese historischen Daten ist nicht bloß geschichtliches Grundwissen. Vergessen wir diese Wurzeln, vergessen wir uns selbst. Wir vergessen das, was unser Fundament, unsere gemeinsame Vergangenheit ausmacht. Wer aber vergisst, wo er steht, der weiß auch nicht, wohin er geht.

Die Besinnung auf dieses historische und nationale Testament, wie nämlich unsere Freiheit, die wir heute genießen können und dürfen, zustande kam, tut not. Freiheit ist keine bloße Selbstverständlichkeit. Um uns dessen zu vergewissern, müssen wir nicht einmal hundert Jahre zurückgehen. Die Erinnerung an die Verbrechen des Nationalsozialismus, zugleich aber auch an die Verbrechen der DDR-Führung gegen Freiheit und Würde des Menschen reicht aus.

Leider stirbt diese Grunderfahrung zunehmend aus. Wir als junge Generation kennen die Erfahrung des 8. Mai 1945 nicht. Wir verstehen den Satz „Nie wieder Krieg" nicht. Wir können den Wert der Menschenwürde, von Freiheit und Gleichheit nicht am eigenen Leib nachvollziehen. Auch die gemeinsame Erinnerung des 9. November 1989 ist uns fremd. Nur noch aus Geschichtsbüchern erfahren wir von unserer gemeinsamen Vergangenheit und können auch hier den übergroßen Wert von Freiheit und Würde nicht in seiner Tiefe nachfühlen. Dazu kommt noch, dass die Zeitzeugen der Schrecken des Nationalsozialismus, des deutschen Widerstands und des Holocausts langsam, aber sicher aussterben.

Deutsche Einheit gemeinsam gestalten

Was sollen wir in dieser Situation tun? Bedarf es einer weiteren Niederlage von Freiheit und Gleichheit, eines dritten Weltkriegs oder einer weiteren Periode von Schrecken und Verbrechen, um die Menschenwürde neu zu „erfinden", um ihren Wert zu erkennen und für das eigene Handeln verständlich zu machen?

Die Infragestellung von Demokratie, Rechtsstaatlichkeit und individuellen Freiheitsrechten sowie Rassismus und Extremismus aller Art, der zunehmende Vertrauensverlust der Politik gegenüber bringt uns in eine Zwangslage. Immer wieder drückt sich in der „Dagegen-Republik" aus, dass Entscheidungen des demokratisch legitimierten Parlaments schlicht nicht mehr anerkannt werden. Das Phänomen der „Politikverdrossenheit" ist auf der einen Seite keine Besonderheit, da es auch in anderen Staaten Realität ist und mit dem Alter der jeweiligen Demokratie zunimmt. „Politikverdrossenheit" beweist aber, dass die Distanz zwischen Staat und Volk im-

mer größer wird und die Legitimation unserer Demokratie nicht selten auf tönernen
Füßen steht.

Gerade an diesem kritischen Zeitpunkt müssen wir noch vehementer das Gedächtnis an das wachrufen, was uns verbindet: die gemeinsame Grundüberzeugung der Freiheit. Freiheit und Demokratie leben nicht aus sich. Sie müssen mit Leben gefüllt werden. Demokratie ist in dieser Hinsicht eine „Zumutung": Sie mutet dem Einzelnen Freiheit und Entfaltung zu – sie wird aber dann zum Risiko für die Freiheit des Einzelnen, wenn Demokratie gegen Freiheit missbraucht wird, wenn der demokratische Prozess zur Entrechtung der Schwachen führt. Demokratie setzt Grundentscheidungen, Werte, eine Grundüberzeugung und „Kultur der Freiheit" voraus, die sie *nicht* gestalten und herstellen kann.

Sich dieser Grundüberzeugungen immer wieder gewahr zu werden, ist bleibende Aufgabe des Staates, bleibende Aufgabe der Politik. Der Weg zur inneren Einheit kann dann voranschreiten, wenn wir persönliche Erlebnisse austauschen, Erfahrungen und Erzählungen, die Ost- und Westdeutschland verbinden: Geschichten des Wiedersehens und Sich-Wiederfindens, die Erkenntnis, dass die menschliche Freiheit am Ende gegen den Staat siegt. Hier sehe ich auch in den Zeitzeugen des 9. Novembers 1989 größtes Potenzial. Wie unsere Groß- und Urgroßväter die mahnende Erinnerung an den Holocaust wach gehalten haben, so können unsere Eltern und möglicherweise sogar schon Teile der jungen Generation, die das System der DDR erfahren haben, zugleich aber auch unsere Großeltern, die unter dem menschenverachtenden Terror jenseits der Mauer zu leiden hatten, ihren Teil zur Erinnerung an Freiheit und Unfreiheit vor und nach der Wiedervereinigung beitragen. Zeitzeugen von Hohenschönhausen spielen hier eine bedeutende Rolle.

Auch die bloße historische Kenntnis unserer gemeinsamen Geschichte in Deutschland und in Europa vereint vermeintliche „Ost- und Westdeutsche". Die Vermittlung der geschichtlichen Grundlagen im Schulunterricht ist daher nicht nur ein Teil der Allgemeinbildung, sondern auch ein Teil der *Identitätsbildung*. Der Unterricht in diesen identitätsbildenden Grundlagen – im Geschichts- und Politikunterricht – ist eine Grundvoraussetzung für eine gelungene Schulpolitik. Vergisst der Staat die Grundlagen, von denen er lebt, so gibt er sich dauerhaft selbst auf.

Einheit gemeinsam zu gestalten heißt aber auch: auf Grundlage der gemeinsamen historischen Erfahrungen zusammenzustehen und zusammenzuhalten. Die mit der langjährigen Trennung verbundenen Lasten sind immer noch nicht gänzlich gleich verteilt. Gerade in den Gebieten der ehemaligen DDR haben die dortigen Bürgerinnen und Bürger mit Armut, Erschwernissen bei der Arbeitsfindung, schlechter Bildung und mangelnder demokratischer Erfahrung zu kämpfen. Hier hilft es wenig weiter, von „Grundwerten", „Demokratie" und „Freiheit" zu sprechen.

Die freiheitliche Revolution von 1989 ist einigen sogar schlecht in Erinnerung geblieben, da der Gewinn an Freiheit auch mit dem Verlust des Arbeitsplatzes in einer freien und sozialen Marktwirtschaft einherging. Endgültig abbauen kann man Vorbehalte der Freiheit gegenüber niemals – für viele bleibt die gewonnene Freiheit die besagte „Zumutung". Der Austausch persönlicher und zum Teil sehr emotionaler Erfahrungen der deutschen Wiedervereinigung kann hier helfen ein glaubwürdiges Zeugnis vom 9. November 1989, dem anderen „Tag der Befreiung", abzugeben.

Einheit gestalten kann man nicht „von oben" – das geht nur „von unten". Der Weg zur inneren Einheit Deutschlands schreitet tagtäglich voran. Darum, dass dies gelinge, ringen wir jeden Tag. Wir brauchen mehr Verständnis für unsere Vergangenheit, für den Tag der Deutschen Einheit, der zugleich ein Tag der deutschen Freiheit ist. Dazu kann die historische Aufarbeitung der DDR und ihrer Verbrechen beitragen. Auch brauchen wir mehr Sensibilität für die „DDR-Lüge". Wer die Verbrechen der DDR durch Schönreden verleugnet, verleugnet auch die Verbrechen der DDR an der Menschenwürde.

Hier brauchen wir viel persönlichen Einsatz, persönliche Überzeugung und die persönliche Erfahrung. Wir brauchen einen Staat, der den individuellen Erlebnissen der Betroffenen und den Helden des 9. Novembers mehr Beachtung schenkt und ihren Mut honoriert. Was vor zwanzig Jahren mit der Vollendung der Einheit Deutschlands Realität geworden ist, ist niemals beendet. Freiheit lässt sich nicht schaffen, sie muss immer wieder erkämpft werden. Wenn wir uns gemeinsam auf diesen Grundwert besinnen, ereignet sich bei uns tagtäglich eine kleine „Revolution der Freiheit", schaffen wir tagtäglich die deutsche Einheit neu.

Kultur der Freiheit

Was ist für dich wichtig im Leben? Was ist dir etwas „wert"? Worauf baust du in deinem Leben? – Wer einer zufällig zusammengewürfelten Gruppe junger Leute diese „moderne Gretchenfrage" stellt, wird ganz unterschiedliche und zum Teil überraschende Antworten erhalten. Da finden sich die Lebenskonzepte Erfolg, Fitness, Gesundheit, Spaß, Macht, Familie, Freizeit und Geld genauso wie traditionelle oder konservative Weltanschauungen, die sich auf einen religiösen Wertehorizont stützen.

Problematisch wird die „Gretchenfrage" nur dann, wenn in der befragten Gruppe auch Exzentriker, Radikale oder sogar Extremisten sind. Sehr schnell wird dann das Wertvolle „für mich" zum Wertvollen „an sich". Ein individueller Wertekodex, die Weltanschauung eines Einzelnen meldet Absolutheits- und Universalitätsansprüche an. In solchen Fällen enden Diskussion und Austausch schnell im Streit. Es geht aber auch anders. Die Erfahrung zeigt: Eine bunt gemischte Gruppe von Menschen kann sich sehr gut verstehen, verständigen und friedlich zusammenleben. Und – ein gewisses missionarisches Element wohnt jeder Weltanschauung inne. Gerade die Haltung, das Für-mich-Wertvolle weiterzuempfehlen, ist Zeugnis einer sozialen und karitativen Prägung:

Was ich „für mich" als gut und wertvoll erfahren habe, das möchte ich weiterschenken. Nicht, um des Wertes willen, sondern um derer, die davon profitieren können und sollen.

Werte und Werteverständnis

Das von mir gewählte Modell soll einige Probleme und Chancen, die sich in der deutschen Gesellschaft zur Zeit auftun, veranschaulichen und näher beleuchten. Je mehr verschiedene Kulturen und Religionen mit je eigenen Wertvorstellungen aufeinander stoßen, desto mehr Weltanschauungen entwickeln sich daraus: Ständig begegnet man Menschen, die wegen ihrer Weltanschauung anderer Meinung sind, und muss sich mit ihnen arrangieren. Das kann zu Konflikten, Bevormundungs- und Abwehrreaktionen führen – genauso wie zu nie geglaubter Einigkeit, überraschenden Klarstellungen und zu einem lebendigen Austausch. – Der Innenpolitiker weiß: Die Begegnung zweier unterschiedlicher Weltanschauungen stellt ein konfliktträchtiges Risiko dar. Dieses Risiko wird man aber nicht einfach dadurch los, dass man Weltanschauung und Religion ausblendet – oder verbietet. Man muss damit umgehen lernen. Vielleicht bietet die Betonung weltanschaulicher Unterschiede sogar ein größeres Potenzial, als diese zu verschweigen.

Jeder einzelne Mensch wird von einem von Werten bestimmten Grundkonzept geprägt – der eine mehr, der andere weniger. Wer seine Prinzipien „hat", der erscheint besonders gefestigt. Es kann aber auch sein, dass ihn diese Prinzipien nur verblenden, ihm selbst gebildete und gefestigte Werte fehlen, er sich in seinem Lebenswandel bloß auf der Ebene von billigen Sekundärtugenden bewegt und niemals zu einem einheitlichen Lebenskonzept durchgedrungen ist.

Diese ersten Annäherungen sollen die Komplexität und Vielschichtigkeit des Phänomens „Werte" beleuchten. Wer abstrakt von Werten spricht, der weiß, dass man sie – als solche – selbstverständlich nicht im Alltag sehen oder spüren kann. „Werte", „Grundwerte" und „wertmäßige Grundentscheidungen" kann man nur an Taten messen. Und selbst Taten lassen keine sicheren Rückschlüsse zu. Zu stark werden menschliche Entscheidungen noch durch äußere und innere Einflüsse, Triebe, Rollenbilder und Opportunitätsüberlegungen geprägt. Nichtsdestotrotz: Werte wirken auf menschliches Denken und Handeln ein. Sie beeinflussen die Wahrnehmung des Gegenübers – sowohl positiv als auch negativ – und können fundamentale Kulturkonflikte und ganze Glaubenskriege provozieren. Genauso bilden sie aber auch die Grundlage für einen lang anhaltenden Frieden . Kurzum: Werte, Weltanschauung und Religion sind eng verknüpft.

Mit der Frage nach den Werten, welche unsere Gesellschaft zusammenhalten, befinden wir uns im Kern der Integrationsdebatte.

Kontingenz und Notwendigkeit von Werten

Mehr als zehn Jahre liegen die Terroranschläge vom 11. September 2001 zurück. Dieses Ereignis hat das „westliche" Welt- und Menschenbild in seinen Fundamenten schlagartig erschüttert. Bereits im zweiten Jahrtausend kam es zu meist konfliktgeladenen Berührungen abend- und morgenländischer Kultur. Die Terroranschläge vom 11. September 2001 brachten allerdings einen Bruch mit sich. Sie läuteten eine ganz neue Dimension der Auseinandersetzung zwischen unterschiedlichen Kulturen ein: Wir müssen endlich lernen, gemeinsam miteinander auszukommen! Weltmächte, Großkulturen, einflussreiche Religionen und mächtige Nationen – alles, was sich im zweiten Jahrtausend präsentiert hat, residiert auf ein und derselben Erde: Eine gemeinsame Zukunft kann nur in Frieden und Freiheit gelingen; konfliktgeladene Auseinandersetzungen sind nicht immer der beste Weg.

Werte sind kontingent – genauso wie sie notwendig sind. Ein Staat ist auf Bürgerinnen und Bürger angewiesen, die ihre eigene Meinung, ihre eigene Verwurzelung und eigenen Werte mitbringen. Dies gilt zumindest für den freiheitlich demokratischen Staat, der – nach Ernst-Wolfgang Böcken-förde – von Voraussetzungen lebt, die er selbst nicht garantieren oder schaffen kann. Mit anderen Worten: Ein freiheitlicher Staat ist auf ein bereits vorhandenes Wertefundament angewiesen. Er lebt von diesen Werten. Im Laufe der Zeit wird sich aber auch in Deutschland die Frage stellen: Wie kann ein friedliches und freiheitliches Zusammenleben gelingen, wenn diese vorgefundenen Werte – zwischen Kulturen und Religionen – so massiv auseinanderdriften, dass die Gesellschaft zu zerbrechen droht?

Zu dieser Frage gibt es keine Patentlösung. Und das ist auch gut so. Denn: Das gewünschte Ergebnis, dass Menschen friedlich zusammenleben, lässt sich nicht erzwingen. Außer dadurch, dass man sie in ihrer Freiheit einschränkt – und so das ganze Modell ad absurdum führt.

Ich möchte das angesprochene Problem noch ein wenig zuspitzen: In Zeiten von Globalisierung und Internationalisierung stehen nicht nur unbedeutende christlichjüdische Traditionen oder unbeachtete „deutsche Sekundärtugenden" auf dem Spiel – sondern alles. In einigen Teilen der Welt – auch in Deutschland – ist es leider nicht mehr selbstverständlich, dass die Menschenwürde zu den Grundvoraussetzungen eines gelingenden Zusammenlebens gehört. Dabei ist die „Erfindung" Menschenwürde noch gar nicht so alt –

man denke zurück an die Schauplätze Auschwitz, Hohenschönhausen und Gulag. Die Menschenwürde wird ständig infrage gestellt und muss sich vor allen rechtfertigen. Wie für jeden anderen Wert gilt auch für sie: Man muss sie irgendwie begründen – etwa auf Grundlage von konsensfähiger Religion und Ethik. Allein von der menschlichen Vernunft ausgehend, führt jedenfalls der Weg nicht zwingend zu ihr.

So notwendig ein Wertefundament für eine Gesellschaft ist, so zwingend bleibt die Erkenntnis: Werte kann man nicht schaffen. Sie müssen allmählich in den Menschen gebildet und verankert werden.

Werteverfall oder Wertevielfalt

Heutzutage wird häufig von einem Werteverfall gesprochen. Adressat solcher Reden ist die Jugend, die – bereits seit der Antike – als „üblicher Verdächtiger" fungiert, wenn es um „Verwahrlosung" geht. Werteverfall wird gerne auch in Parteien moniert, die sich neu positionieren und – nach Aussage ihrer Kritiker – den „Ausverkauf" eigener Werte betreiben. So richtig diese Beobachtungen auf den ersten Blick sind: Sie betrachten das Problem aus einem falschen Blickwinkel und beklagen demnach Zustände, denen ganz andere Phänomene zugrunde liegen.

Der Begriff „Werteverfall" zielt auf eine Entwicklung ab, die nicht ganz neu ist. Bei genauerer Betrachtung zeichnet sich diese bereits seit einigen Jahrhunderten in Europa ab: das Auseinanderfallen von Kirche und Staat. In einem säkularen Staat, der sich mit seiner Verfassung nicht mehr an den religiösen Vorstellungen einer Staatskirche orientieren kann, fällt notwendigerweise der religiöse „Unterbau" weg. Religion wird zur staatlich geduldeten oder erwünschten Privatsache. Der Staat findet in der Maxime der individuellen Freiheit sowohl Auftrag als auch Grenze seines Handelns. Und verliert dadurch seine Kompetenz in religiösen Fragen. Dass sich infolgedessen seine Bürgerinnen und Bürger von etablierten Traditionen, Konfessionen und Religionen lösen können, ist selbstverständlich. Dieser Prozess, der spätestens mit der Französischen Revolution einsetzt, wird im dritten Jahrtausend durch Mobilität und Globalisierung zusätzlich verstärkt: Bürgerinnen und Bürger vieler verschiedener Kulturen und Religionen kommen nach Europa und Deutschland – und machen die deutsche Gesellschaft zu einem der interessantesten Schauplätze von Integration.

Ein verstärkter kultureller und religiöser Austausch macht aus Sicht der in Europa seit vielen Jahrhunderten etablierten Religion, aus Sicht des Christentums, den Begriff „Werteverfall" verständlich. Fragt man allerdings Jugendliche, die sich nicht mehr mit den religiösen Wurzeln des Christentums identifizieren, nach dem Sinn ihres Lebens und nach ihren Werten, so stößt man zwar nicht mehr auf „Christus" und „Glaube", wohl aber auf Menschenwürde, Freiheit, Verantwortung, Nachhaltigkeit, Familie und Gerechtigkeit – auf Lebensvorstellungen, die dem christlichen Gedankengut sehr nahe stehen. Dass eine „Generation Nachhaltigkeit" und eine „Generation Verantwortung" auch ohne tiefere religiöse Verwurzelung auskommt, hat bereits die Öko-Bewegung der 1980er-Jahre eindrucksvoll gezeigt.

Statt abwertend von einem Werteverfall in Europa zu sprechen, ist es ehrlicher und angemessener, die sich abzeichnende gesellschaftliche Entwicklung als „Wertevielfalt" zu bezeichnen. Sicherlich: Vielfalt kann schnell in Chaos umschlagen. Wo Vielfalt herrscht, kann aber auch fruchtbarer Austausch möglich werden.

Die Suche nach dem „Kitt der Gesellschaft"

Werte sind niemals etwas Statisches. Sie entstehen im sozialen Diskurs und im zwischenmenschlichen Austausch. Konstanten wie Freiheit, Gerechtigkeit und Gleichheit haben für mich nur in ihrer sozialen Dimension eine Bedeutung. Sie definieren soziale Verhältnisse. Menschen haben „ihre" Werte auch niemals alleine. Sie übernehmen diese von ihren Eltern,

Erziehern und Freunden und bestimmen so den Ort, an dem sie stehen, von dem sie kommen und wohin sie gehen.

Diese entscheidende soziale Dimension von Werten und Erziehung bietet ein großes Potenzial für gelungene Integration. Denn die scheinbar simple Frage „Wovon lebt unsere Gesellschaft?" kann man nicht mit akademischen Erwägungen zur „Theologie der Religionen" beantworten. Sie lässt sich nur aus der Erfahrung beantworten: Eine Gesellschaft lebt von Gemeinsamkeiten, gemeinsamen Erfahrungen, gemeinsamen Daten, gemeinsamen Wurzeln, gemeinsamen Interessen und gemeinsamen Vorstellungen. Gemeinsamkeit lässt sich nicht „von oben" schaffen, sondern muss sich entwickeln und gelebt werden – genauso wie die eigene Kultur erkannt und gelebt werden muss, ist sie doch die primäre Grundlage und der erste „Anhaltspunkt" für den Einzelnen.

Nur wer sich selbst kennt, kann auch verstehen, warum der andere „anders" ist – und worin genau die Gemeinsamkeit besteht. Gemeinsamkeit ist nicht mit Gleich-Sein zu verwechseln, Gemeinsamkeit macht den „Kitt" der Gesellschaft aus: nicht zwingend als Schnittmenge sämtlicher religiöser, moralischer und ethischer Vorschriften, sondern als Leitkultur, Leitbild und Vision des Zusammenlebens einer Gesellschaft.

Was könnte dieser „Kitt" unserer Gesellschaft anderes sein als eine tagtäglich realisierte, im Inneren verstandene und nach außen hin bekannte Kultur der Freiheit? Allzu viel haben Deutsche heute nicht mehr gemeinsam. Geburtsort, Religion und familiärer Hintergrund sind jedenfalls keine Identifikationsmerkmale mehr, die Kultur und nationales Verständnis ausmachen. Das müssen wir so hinnehmen. Ich bin der festen Überzeugung: Die Neuorientierung an einem ganz anderen Maßstab – am Maßstab der Freiheit –, der nicht bereits durch die Geburt oder die familiäre Prägung festgesetzt ist, sondern für den ich mich frei entscheiden kann und darf, ist kein Risiko, sondern eine große Chance für unsere Gesellschaft.

Eine Gesellschaft, die nicht viel, aber das eine – die Idee von Freiheit – gemeinsam hat und lebt, kann sich immer aufs Neue daran orientieren und weiterentwickeln. Genauso wie eine Gesellschaft ohne Werte, Leitkultur und ethische Maßstäbe kopf- und orientierungslos ist, wäre eine Gesellschaft, in der alle denselben Werten, Prinzipien und Anschauungen folgen, monoton, unsensibel und festgefahren. In einer solchen Homogenität, die sich gegen Erneuerung und Integration sträubt und Innovation bekämpft, ginge schnell unter, was allen Menschen am wichtigsten ist – frei zu sein.

Betrachtet man aus diesem Blickwinkel gesellschaftliche Veränderungen, Auf- und Umbrüche in Deutschland, so kann man getrost sagen: Ein Glück, dass wir uns als Gesellschaft für unbekannte Kulturen öffnen und mit diesen zusammen leben! Ein Glück, dass wir gerade so zu unseren eigentlichen Wurzeln zurückfinden und diese neu entdecken dürfen.

Eine Kultur der Freiheit

Deshalb lautet die Antwort auf die Frage „Wovon lebt unsere Gesellschaft?" nicht: das „Alte" herauskramen und das, was uns unterscheidet –Religion, Kultur und Herkunft – in den Vordergrund stellen. Die Antwort lautet: Das, was uns verbindet, ist unsere Kultur der Freiheit, und diese wollen wir im Blick behalten und wertschätzen; so wollen wir das, was uns je individuell ausmacht, neu verstehen.

Manchmal hat man in Deutschland den Eindruck, man könne überhaupt nicht mehr stolz sein auf die eigene Kultur und die eigene Geschichte, auch nicht auf die, die vom 8. Mai 1945, dem Tag der Befreiung, bis hin zum 9. November 1989, dem Tag der Revolution der Freiheit, reicht. Diese Zurückhaltung liegt sicherlich in den eigenen historischen Wurzeln begründet. Freiheit will aber gelebt und geschätzt werden. Sie will anstecken und weitergetragen werden. Eine Kultur der Freiheit realisiert sich nur dadurch, dass sie über die Gemeinschaft nach außen tritt und ihre Botschaft weiter gibt. Freiheit will andere anstecken.

Wovon lebt unsere Gesellschaft also? – Von tagtäglich realisierter und gelebter Freiheit. Von der jeweils neu erlebten Dankbarkeit über dieses Geschenk. Von dieser Freiheit können wir bei allem, was wir in unserem Alltag tun, zehren. Und wir können durchaus ein wenig stolz darauf sein, lebendiger Teil dieser Kultur der Freiheit zu sein.

Nation der Freiheit

„Freiheit ist das höchste Gut. Alles Andere nur als Mittel dazu, gut als solches Mittel, übel, falls es dieselbe hemmt. Das zeitliche Leben hat darum selbst nur Werth, inwiefern es frei ist: durchaus keinen, sondern ist ein Übel und eine Qual, wenn es nicht frei seyn kann. Sein einziger Zweck ist darum, die Freiheit fürs Erste zu brauchen, wo nicht, zu erhalten, wo nicht, zu erkämpfen; geht es in diesem Kampfe zu Grunde, so geht es mit Recht zu Grunde, und nach Wunsch; denn das zeitliche Leben – ein Kampf um Freiheit.“[1]

Diese Worte des deutschen Idealisten Johann Gottlieb Fichte, verfasst in seinem vorletzten Lebensjahr und damit zu Beginn der Befreiungskriege gegen das napoleonische Frankreich, lassen sich gleichsam als eindrucksvolles Plädoyer für die Freiheit lesen – für die Freiheit des Einzelnen, aber auch für die Freiheit der Nation. Fichte spricht der deutschen Nation den Glauben an „Freiheit“ und „Selbständigkeit“ zu – als Unterscheidungsmerkmal gegenüber anderen Nationen, insbesondere gegenüber Frankreich. Das Streben nach „Freiheit“ im eigentlichen Sinne habe die französische Nation bereits aufgegeben. Die Ideen der Französischen Revolu-

---

[1] Johann Gottlieb Fichte, Die Staatslehre, oder über das Verhältnis des Urstaates zum Vernunftreiche, Berlin 1820, S. 49.

tion, darunter die Freiheit, seien – gerade in der Person Napoleons – der Unfreiheit geopfert worden. Das Streben nach Freiheit sei damit gerade ein Wesens- und Identifikationsmerkmal der Deutschen. Man könnte sagen: Deutschland will und soll an erster Stelle „Nation der Freiheit" sein.

Fast 200 Jahre nach Fichtes Vorträgen „über das Verhältnis des Urstaates zum Vernunftreiche" aus dem Sommer 1813 stellen wir uns erneut die Frage: Ist es wirklich die Idee der Freiheit, die – neben kultureller und sprachlicher Gemeinsamkeiten – die „deutsche Nation" ausmacht? Kann man an solch einer abstrakten Idee, die ja zu Fichtes Zeit ganz konkrete historische Assoziationen auslöste, noch die kulturelle Identität einer Nation festmachen, die im Wandel und in kultureller Öffnung und Pluralisierung begriffen ist?

Die Sprache?

Als Leitfaden für den Begriff „Nation" bietet sich heutzutage die „Kulturnation" an, die sich im deutschen Recht niedergeschlagen hat. § 6 des Bundesvertriebenengesetzes definiert so: „Deutscher Volkszugehöriger im Sinne dieses Gesetzes ist, wer sich in seiner Heimat zum deutschen Volkstum bekannt hat, sofern dieses Bekenntnis durch bestimmte Merkmale wie Abstammung, Sprache, Erziehung, Kultur bestätigt wird." – Einer Kulturnation gehört man also gar nicht primär durch Abstammung an, die „leiblich" (*ius sanguinis*) oder „örtlich" (*ius soli*) begründet werden kann. Das Entscheidende ist nicht die „formale" Abstammung, die für die Staatsangehörigkeit erheblich sein kann. Zentral ist das materielle Bekenntnis zum „deutschen Volkstum". Dieses kann in der Abstammung und der Erziehung gründen sowie sich in deutscher Sprache und Kultur ausdrücken. Der etwas schwierige Terminus „deutsches Volkstum", den der Gesetzgeber explizit verwendet, lässt möglicherweise Assoziationen aus der Vergangenheit wach werden, die man lieber nicht erwähnen möchte. Schließlich lässt sich ein solch offener Begriff leicht für negative Diskriminierungen und Ausgrenzungen missbrauchen. Trotzdem muss man sich – frei von jeder politischen Ideologie – Gedanken darüber machen: Was macht denn das „Deutsche" am „deutschen Volkstum" aus? – Die Sprache? – Selbstverständlich. Sie ist aber nicht das einzige Wesensmerkmal. Schließlich wird auch in Österreich, Liechtenstein sowie in Teilen der Schweiz, von Italien, Belgien und Luxemburg deutsch gesprochen. Muttersprachler finden sich sogar in weiteren mittel- und osteuropäischen Staaten bis nach Zentralasien, Afrika und Amerika. Die Sprache ist ganz entscheidend, um in Deutschland überhaupt Fuß fassen zu können. Sie alleine macht allerdings eine Person nicht zu einem oder einer „Deutschen". Knüpft man an das Staatsgebiet der Bundesrepublik Deutschland an, so wird man auch dies als Engführung abtun müssen.

Deutsche findet man auch außerhalb des Bundesgebietes – „in ihrer Heimat", wie das Bundesvertriebenengesetz formuliert. Solche Minderheiten erklären sich hauptsächlich durch die Vertreibungen, Um- und Aussiedlungen des 20. Jahrhunderts. So findet man Deutsche in Polen (Oberschlesien), Tschechien, der Slowakei, Ungarn, Rumänien, Israel, Namibia, Brasilien, Chile und den USA. Diese allein aufgrund ihrer deutschen Sprache als Deutsche kennzeichnen zu wollen, würde, wie oben gezeigt, in die Irre führen. Es muss etwas hinzutreten.

Die Kultur?

Angesichts der kulturellen, sozialen und konfessionellen Zersplitterung in Deutschland selbst kann man mit Fug und Recht infrage stellen, ob „deutsche Kultur" als Identifikationsmerkmal für Deutsche gelten darf: Schließlich gibt es in Deutschland einerseits ein West-Ost-Gefälle, andererseits einen breiten kulturellen Graben zwischen Nord- und Süddeutschland, ja selbst noch einmal klar unterscheidbare kulturelle Ausprägungen in Norddeutschland und in Süddeutschland – etwa eine regelrechte Trennung von Bayern und Franken, eine sprachlich und kulturell bedingte Differenzierung zwischen Badenern und Schwaben. Deutschland ist überaus pluralistisch. Es gibt klare sprachliche Differenzen (Dialekte), eine recht plurale bzw. überwiegend „bipolare" konfessionelle Landschaft (katholische und evangelische Christen, aber auch Juden und Muslime) sowie unterschiedliche kulturelle Eigenheiten (Festtage, Brauchtum, Trachten, Küche) – und zwar in jedem Land und jeder Region anders. Eine solche kulturelle Vielfalt kann für eine Nation ein großer Segen sein. Bei unserer Suche nach dem Wesen der „deutschen Nation" hilft sie uns allerdings recht wenig weiter. Man könnte eine solche kulturelle Vielfalt in diesem Kontext auch als „Kulturzersplitterung" bezeichnen. Denn bei den vielen kulturellen Eigenheiten – neben der schon unterschiedlichen Sprache – ein gemeinsames „Drittes", ein „tertium comparationis", zu finden, fällt ziemlich schwer. Es besteht die Gefahr vor den vielen Bäumen den „Wald" nicht mehr zu sehen – das, was alle Deutschen verbindet.

Wein, Bier, Schweinshaxen, Lübecker Marzipan, Dirndl, Meissner Porzellan, Schnitzereien aus dem Erzgebirge oder Schwäbische Spätzle gehören zu Deutschland dazu. Aber Deutschland würde wohl auch ohne sie auskommen. Sie machen nicht die „deutsche Kultur" aus. Es gibt sicherlich auch Deutsche, die sich in Deutschland heimatlos fühlen würden und sich gerade nicht mit solchen regionalen Besonderheiten identifizieren können. Und im Übrigen gibt es die genannten „Spezialitäten" heute nicht mehr nur in Deutschland. Sie machen Deutschland nicht mehr „speziell". Insbesondere sind sie nicht so „speziell", dass uns andere Länder darum beneiden müssten.

Ein Blick in die Geschichte

Viele der heutigen touristischen Attraktionen, die für uns typisch „deutsch" sind, werden gerne überstrapaziert. Die Kultur Bayerns auf Weißwurst, Weißbier, Sauerkraut und Laugenbrezeln zu reduzieren, wäre ziemlich oberflächlich und verfehlt. Will man die Zusammengehörigkeit einer Nation erforschen, sollte man sich weniger an lokalem Brauchtum orientieren als an der gemeinsamen Geschichte dieser Nation. Die gemeinsame Geschichte Deutschlands reicht zurück bis in die Zeit Karls des Großen, möglicherweise sogar weiter. Wir erinnern uns an die lange Geschichte des Heiligen Römischen Reiches, das ab dem 15. Jahrhundert den bezeichnenden Zusatz „Deutscher Nation" trägt. Ob man die Einwohner des Heiligen Römischen Reiches schon als „Deutsche" bezeichnen kann, erscheint fraglich.

Wir können uns heute zumindest rückblickend nur noch wenig mit den Kaisern des Alten Reiches identifizieren. Aus ihrem Leben und Wirken lernen wir für unseren Alltag zu wenig. Deutschland fehlt ein echter „Gründervater". So wird

Karl der Große sowohl von den Deutschen als auch den Franzosen „beansprucht". Ihm wird man eher mit der Bezeichnung „Stammvater Europas" als mit einer Reduzierung auf Deutschland gerecht. Und auch die Stilisierung anderer Personen zu den ersten „Deutschen" (Ludwig II., der Deutsche) erscheint historisch unzutreffend. Im Laufe der Geschichte schwindet die Einheit des Heiligen Römischen Reiches zunehmend dahin. Die Zersplitterung des Reiches in viele kleine Territorien schlägt sich auch heute noch im deutschen Lokalkolorit nieder. Einige der „kulturellen" Eigenheiten haben sich erhalten – vor allem die Sprache und die unterschiedliche konfessionelle Prägung der jeweiligen Territorien. Erst mit Napoleon und der Entwicklungen des 19. Jahrhunderts wird der Zersplitterung Deutschlands ein Ende bereitet. In diese Zeit wird man wohl am besten die „Idee Deutschland" zurückdatieren können. Damit sind wir wieder bei der Zeit Johann Gottlieb Fichtes angelangt, aus der wir uns Klärung erhoffen.

Was eint Deutschland?

Die Ideen der französischen Aufklärung, die Feldzüge Napoleons im Alten Deutschen Reich und die gemeinsamen Befreiungskriege haben die „deutsche Idee" wach werden lassen. Dieser Zeit – der Zeit der Befreiungskriege und des Vormärz – entstammen auch die „deutschen" Symbole, die wir heute als Nationalsymbole kennen: die deutsche Flagge und die deutsche Nationalhymne, das Lied der Deutschen. Die Farben Schwarz-Rot-Gold und „Einigkeit und Recht und Freiheit" sind keine Symbole des Zweiten Deutschen Reiches. Sie werden erst mit der Weimarer Republik eingeführt – und scheitern 1933. Erst mit der Bundesrepublik Deutschland wurden sie neu „belebt" und fruchten. Die Ideen, die Deutschland bis heute in Form einer „Leitkultur" bzw. einer gelebten Verfassungskultur prägen, stammen aus der Zeit der deutschen Einigungsprozesse im frühen 19. Jahrhundert: Man übernimmt mit der Idee der Freiheit eine Forderung der Französischen Revolution (liberté) – allerdings in „deutscher" Prägung. Denn wie bereits Fichte betont, darf die Art und Weise, wie die Forderung nach Freiheit in der Französischen Revolution vorgetragen wurde, nicht mit dem Freiheitsbegriff des deutschen Idealismus und der ersten deutschen Verfassungen gleichgesetzt werden.

Das deutsche Streben nach Freiheit und Einheit verläuft grundsätzlich anders als in Frankreich: Die deutschen Einigungsbemühungen „von unten" bleiben erfolglos. Es gibt keine „Deutsche Revolution" – zumindest zunächst nicht. Die Einheit wird schließlich „von oben" hergestellt – und dies auch eher ungewollt. Schließlich haben die deutschen Monarchen nur ein geringes Interesse daran, Kompetenzen an ein übergeordnetes Reich abzugeben. Die Bevölkerung in

Deutschland hingegen ist vom nationalen Einheitsgedanken überzeugt – er bietet entscheidende Vorteile beim staatsüberschreitenden Handel und Rechtsverkehr –, muss aber noch lange um ihre Freiheit kämpfen.

Die Ideen des Nationalismus und Liberalismus gehören im 19. Jahrhundert eng zusammen: In erster Linie geht es um politische Freiheit, um Partizipation, um Gleichheit vor dem Gesetz und einen regulierten Staat, der sein Gewaltmonopol kontrolliert ausübt. Zu dieser Freiheit kommt die Einheit hinzu. Einheit dient der Freiheit. Und die Idee der Freiheit ermöglicht die Einheit. Langsam definiert man so auch, wer alles zu Deutschland dazugehören soll. Diskutiert wird die „deutsche Frage" etwa in der Frankfurter Nationalversammlung (1848/49). Die Länder, die noch bis 1806 ein „gesamtdeutsches" Reich gebildet hatten, entscheiden sich schließlich dafür, die „deutschen" Teile der Habsburgermonarchie nicht einem neuen Deutschland einzuverleiben. Sie sollen nicht zu Deutschland gehören. Diese Entscheidung wird durch die Spannungen zwischen Preußen und Österreich im Laufe des 19. Jahrhunderts weiter verfestigt. Die Entwicklung zeigt: Ein nationaler Findungsprozess verläuft geschichtlich – zufällig, zum Teil sogar willkürlich.

Eine Nation wird nicht nur durch Sprache und Kultur „erfunden", sondern auch durch politische Einzelentscheidungen, die langfristige Prozesse der Trennung und Abgrenzung begünstigen können. Wie etwa hätte sich Deutschland entwickelt, wenn Bayern 1871 nicht für ein Deutsches Reich hätte begeistert werden können? Die Geschichte zeigt im Übrigen auch, dass einzelne Staaten einer ganzen Nation ihr Gepräge geben können. Was wäre etwa aus Deutschland geworden, wenn sich Preußen durch fortschrittliche Militärtechnik nicht durchgesetzt hätte? – Dann wäre die Geschichte Deutschlands vermutlich anders verlaufen. Dann hätten wir heute ein grundsätzlich anderes Bild davon, was „deutsch" ist. Die Zugehörigkeit zu einer Nation, einem Staat, einer Gemeinschaft lässt sich nicht anhand von abstrakten Ideen zu einem „Volkstum" bestimmen, sondern ganz konkret anhand des kulturellen Erbes.

Nation als Geschichts-Gemeinschaft

Während man Italien, Spanien, Portugal, Frankreich, Polen und andere europäische Nationen im Groben bereits am Kriterium der Sprache festmachen kann, tritt bei Deutschland etwas hinzu: Die „deutsche Nation" hat sich – langsam und recht spät – durch die Fügungen der Geschichte herausgebildet – und zwar in ihrem Streben nach Freiheit und Einheit. Man könnte sie als Geschichts-Gemeinschaft bezeichnen. Sie ist Solidar- und Schicksalsgemeinschaft, da sie dieselbe Vergangenheit teilt: Zunächst politisch oktroyiert, also ohne demokratische Nationalversammlung, etabliert sich die deutsche Einheit von 1871 im Laufe der Zeit und wird fortentwickelt. Was durch einen politischen Bund rechtlich zusammengefügt wird, wird im Laufe der Zeit abhängig voneinander und angewiesen aufeinander. Wie im realen Leben gilt: Mit wem man etwas „durchgemacht" hat, gemeinsam Geschichte erlebt hat, mit dem kann man sich leichter anfreunden, mit dem versteht man sich. Dies ist ganz elementar für eine Nation – in einer Nation entsteht viel schneller Vertrauen: Habe ich eine Person vor mir, die mit mir kulturelle Werte und eine Vergangenheit teilt, so fällt das Verständnis füreinander viel leichter.

Das Verständnis der deutschen Nation als Geschichts-Gemeinschaft hat sich über die Krise des Ersten Weltkriegs, die Zeit der Weimarer Republik, des Nationalsozialismus und des Zweiten Weltkriegs hinweg gehalten: Auch hier führte Zusammen- und Auseinanderwachsen zur Identifikation mit oder zur Abgrenzung von der Geschichte Deutschlands. Die Vorstellung einer deutschen Nation als geschichtlich gewachsener Gemeinschaft haben auch die Grenzverschiebungen des 20. Jahrhunderts nicht beendet. Wer sich plötzlich nicht mehr auf „deutschem Boden" befand, konnte weiterhin ein „Deutscher" bleiben. Dies gilt auch heute noch. Die Hauptsache ist die Identifikation mit Deutschland, die historisch gewachsene Anbindung an Deutschland.

Nation – kontur- und profillos?

Das 19. Jahrhundert ist das große Jahrhundert der Nationen. Bereits in dieser Zeit zeigt sich aber auch, dass man einen Menschen nicht nur anhand seiner nationalen Zugehörigkeit beschreiben kann. Welcher Nation ich nämlich angehören möchte, ist nicht nur eine Frage meiner Abstammung, sondern auch eine Frage meines eigenen Selbstverständnisses. Moderne Verkehrsmittel beschleunigen die Dynamik der „Nationalität". Länder wachsen immer schneller zusammen. Dies führt zum verstärkten Austausch, zu Vermischungen und Vermengungen. In der deutschen Sprache finden wir so etwa eingedeutschte Begriffe aus anderen Sprachen. Dasselbe gilt für andere Sprachen, die Begriffe aus dem Deutschen übernommen haben.

Im Zuge von Globalisierung und Internationalisierung verliert jedoch die einzelne Nation an Bedeutung. Supranationale Bündnisse und Konföderationen werden immer wesentlicher. Auch „Deutschland" ist ja zunächst nur ein nichtnationales Bündnis, das sich im Laufe der Zeit zu einer Nation entwickelt. Einer solchen „Nationalisierung" sind klare Grenzen gesetzt: Übernationale Gemeinschaften müssen erst historisch zusammenwachsen, sich „kennen lernen", um auch innerlich Gemeinschaft und Einheit zu werden. Der schnellen Bildung eines europäischen Nationalstaates stehen sprachliche Barrieren entgegen. Für eine wirkliche Geschichts-Gemeinschaft mit gemeinsamer Kultur fehlt Europa noch die Dauer der „Freundschaft". Die historischen Wurzeln sind jedoch vorhanden. Bis Europa wirklich „eins" wird, ist nur noch eine Frage der Zeit.

Als Folge der Globalisierung und Europäisierung wird der Begriff „Nation" immer unbedeutender – und damit auch immer konturloser. Es ist zunehmend egal, wo die genauen Grenzen der eigenen „Nation" verlaufen. Man interessiert sich immer weniger für die Nationalität des Gegenübers. Oder man möchte sich ganz bewusst einem weiten Verständnis von Nation öffnen – in Deutschland sicherlich begünstigt durch die negativen Erfahrungen des Dritten Reiches und angetrieben durch ein neues Verständnis der Völkergemeinschaft. Der Begriff „Nation" wird so immer stärker mit Skepsis betrachtet: Haben nicht der Nationalismus der Preußen (bzw. einzelner entscheidender Persönlichkeiten am Vorabend des Ersten Weltkrieges) und der Nationalsozialismus zwei Weltkriege in kurzer Zeit verursacht?

Die politische Findung einer Nation kann also durchaus problematisch werden, wenn sie zum grenzwertigen Nationalismus, Chauvinismus und Faschismus verkommt. Der Alternativbegriff liegt schon bereit: Patriotismus – patria, die Heimat. Die Zugehörigkeit zu einer Nation soll weniger durch

Abstammung, Rasse und Klasse bestimmt werden als durch die eigene Heimat, die ich mitunter selbst wählen kann. Wenn ich Deutscher sein will und das geschichtliche Erbe Deutschlands „annehme", dann kann ich auch Deutscher werden. In der Realität tritt ein solcher „Nationen- Wandel" recht selten auf. Aber: Er ist auf dieser Grundlage denkbar.

Deutschland – Nation der Freiheit?

Damit sind wir beim Kerngehalt des Nationalbegriffs angekommen. Was meinen wir ganz konkret, wenn wir von der „deutschen Nation", dem „deutschen Volke", einer „deutschen Leitkultur" sprechen? – Im Kern gehört dazu das gesamte kulturelle Erbe, das kulturelle Gedächtnis Deutschlands: das Streben des deutschen Volkes nach Einheit in Freiheit, das von den napoleonischen Befreiungskriegen über den Vormärz, die „erste" deutsche Einheit, über die Weimarer Republik, das Dritte Reich bis zum 8. Mai 1945 und zum 9. November 1989 führt. Das deutsche Verständnis von Freiheit erklärt sich damit nicht auf Grundlage rein abstrakter Ideen, sondern anhand ganz konkreter geschichtlicher Ereignisse. Die kulturelle Identität Deutschlands ist historisch gewachsen. Sie ist eine Geschichte des Strebens nach Freiheit, ein Freiheitskampf. Sie umfasst Glanzstunden, große Ereignisse, aber auch Schreckensjahre menschenverachtenden Unrechts. Als historisches Gedächtnis ist die Geschichte Deutschlands nicht nur Erbe, sondern auch Auftrag und Ermahnung –das erste Ziel jedes Staates und zugleich seine Bedingung, die Achtung der Menschenwürde stets im Blick zu halten.

Die deutsche kulturelle Identität fasst das Grundgesetz zusammen: Deutschland ist ein demokratischer und sozialer Bundesstaat. Deutschland nimmt Maß an der Menschenwürde. Sie ist letztlich die Existenzberechtigung dieses Staates, seine Bedingung und sein erstes Versprechen. Diese Menschenwürde wird geschützt, wenn der Staat dem einzelnen größtmögliche Freiheitsrechte gewährt, um sich zu entfalten – und die Gleichheit als einen Wesenszug staatlichen Handelns festschreibt. Ein gerechter Staat muss Gleiches gleich und Ungleiches ungleich behandeln. Die Kriterien für eine solche Ungleichbehandlung müssen jeweils fein und ideologiefrei ausgehandelt werden.

In wesentlichen Punkten und abstrakt stimmt die deutsche Verfassung mit anderen europäischen Verfassungen überein. Unterscheidend sind aber die historischen Wurzeln, die geschichtliche Begründung. Der elementare Wert der Menschenwürde und des Lebens wird vor der schrecklichen Erfahrung des Nationalsozialismus und des Holocaust ganz besonders deutlich. Die Weimarer Republik hat in der deutschen Verfassungsrealität das Prinzip der „wehrhaften Demokratie" begründet. Im Übrigen haben uns die zwei Weltkriege gelehrt, wie wichtig Friedfertigkeit und Völkerverständigung heute sind. Darum ist auch die europäische Integration stets so wichtig gewesen. Deutschland ist heute so weltoffen wie noch nie. Diese historisch gewachsenen Werte gilt es zu bewahren. Auch wenn der Begriff der Nation einem steten Wandel unterworfen ist, lässt sich doch ein fester Kern dessen ausmachen, was wir als „deutsche Nation" bezeichnen würden. Als Nation definieren wir uns über unsere Vergangenheit. Wir definieren unsere Werte gerade vor dem Spiegel dieser Vergangenheit. Unsere Vergangenheit ist – im positiven und negativen Sinne – Maßstab für unser künftiges Handeln. Dass wir unser historisches Erbe nicht vergessen wollen, ist kein Zeichen von besonderer Nationalliebe und besonderen Nationalstolzes. Es ist Zeichen dessen, dass wir aus der Geschichte lernen wollen, dass uns unsere Leitkultur, die man nur aus unserem nationalen Gedächtnis heraus verstehen kann, wichtig ist.

Eine Nation kann niemals ihre eigenen Grundlagen aufgeben, ohne sich selbst aufzugeben. Gerade im Interesse unserer gewachsenen Verfassungskultur, zum Schutze der menschlichen Würde, zur Bewahrung der Grundsätze von Freiheit und Gleichheit ist es notwendig, dass wir „deutsche Kultur" – als Kultur der Freiheit – nicht einfach beliebig werden lassen. Es geht nicht darum, jemanden auszugrenzen. Es geht um die Aufrichtigkeit klarzumachen, wo man steht, woher man kommt und wohin man geht. Dies ist kein Zeichen nationaler Arroganz, sondern Konsequenz der Lehren, die wir aus unserer Vergangenheit zu ziehen haben. Nur wenn wir jeden Tag deutlich machen, dass Freiheit und Gleichheit unveränderliche Werte sind, die unsere deutsche Kultur wesentlich ausmachen, sind wir gegen Experimentierwillige gefeit, die sich „deutsch" nennen, selbst aber die Realität der deutschen Vergangenheit leugnen. Unsere nationale Identität ist von bleibender Aktualität und bleibender Notwendigkeit. Als „Nation der Freiheit" sind wir auch heute noch auf der Suche nach diesem elementaren Wert – der Freiheit.

Mut zur Freiheit

Wer nach den historischen Umbrüchen von 1918, 1933, 1945 und 1989 die heutige politische, wirtschaftliche und soziale Situation Deutschlands betrachtet, hat eigentlich keinen Grund zur Sorge. Das politische System in unserem Land, die parlamentarische Demokratie in einer freiheitlich-demokratischen Grundordnung, erscheint konsolidiert und wird von einer breiten politischen Mehrheit in allen Bevölkerungsschichten getragen. Eine alternative Staatsform für Deutschland ist nicht in Sicht und wird auch von keiner bedeutsamen politischen Interessensgruppe vertreten. Die Zukunft Deutschlands spielt sich vor allem auf der europäischen Ebene ab. Reformvorschläge einer kleinen Minderheit – Wahl des Bundespräsidenten durch das Volk oder Wiedereinsetzung eines Kaisers als Staatsoberhaupt – wirken eher „harmlos" bzw. „nostalgisch".

Auch wirtschaftlich und sozial ist in Deutschland eine grundlegende Konsolidierung eingetreten: Die Ordnung der sozialen Marktwirtschaft wird von den großen politischen Parteien getragen und weiterentwickelt. Das Grundrecht auf Eigentum und die sich daraus ergebende Verpflichtung zugunsten der Allgemeinheit (Art. 14 Abs. 2 GG) werden stets in einem Zuge genannt. Und auch die sich derzeitig durch den demographischen Wandel im deutschen Sozialsystem abzeichnenden Probleme sind nicht unbedingt Anlass zur Hysterie. Deutschland wird sich in dieser Hinsicht grundsätzlich wandeln, aber Deutschland geht es gut. Das politische, wirtschaftliche und soziale System Deutschlands erscheint gefestigt.[2]

Und dennoch sollte uns die politische, wirtschaftliche und soziale Stabilität unseres Landes nicht darüber hinwegtäuschen, dass der Mensch selbst und seine Freiheit, der elementare und konstitutionelle Grundstein unserer Kultur und Nation, immer wieder gefährdet sind. Bei aller materiellen Stabilität unseres Landes gilt: Die Grundlage und Bedingung unserer Nation, die Freiheit, muss immer wieder neu erkämpft und verteidigt werden. Freiheit lässt sich nicht in ein Gesetz „meißeln" oder als konstanter Gesellschaftszustand „einfrieren". Freiheit muss auch heute immer wieder neu erlebt, erkämpft und vertreten werden.

Die historische Erfahrung der Freiheit

Für jeden, der die großen Wendepunkte in Deutschland – den 8. Mai 1945 und den 9. November 1989 – erlebt hat, ist Freiheit keine Selbstverständlichkeit, sondern ein Geschenk

---

[2] Vgl. Eckhard Jesse, Systemwechsel in Deutschland. 1918/19 – 1933 – 1945/49 – 1989/90, Köln / Weimar / Wien 2010, S. 216.

und eine historische Errungenschaft. Die Deutschen haben fast 200 Jahre auf die Freiheit gewartet und für die Freiheit gekämpft – von den Befreiungskriegen gegen Napoleon (1813 – 1815) bis hin zum Fall der Berliner Mauer. Dieses Streben nach Freiheit brachte zahlreiche Helden und Märtyrer der Freiheit hervor – man denke allein an die Widerstandskämpfer des 20. Juli 1944 oder an den Volksaufstand in der DDR am 17. Juli 1953. Die Suche nach Freiheit ging aber auch mit tragischen Sackgassen, Irrwegen und verheerenden Missverständnissen der Freiheit einher. Schließlich mündete das Streben nach Freiheit im Grundgesetz für die Bundesrepublik Deutschland vom 23. Mai 1949 und führte nach der „Revolution der Freiheit" am 9. November 1989 zur gesamtdeutschen Freiheit in einem vereinten Europa.

Wenn wir aber ehrlich sind, ist das Ringen um die Freiheit auch heute nicht beendet. Der Kampf gegen die Freiheit beginnt immer dann, wenn die Würde des einzelnen und sein Recht auf Leben infrage gestellt werden. Im Alltag geschieht dies regelmäßig auf der Straße, wenn es zu Gewalttaten und tätlichen Übergriffen kommt. Aber auch generalisierende und pauschalisierende Regelungen des Staates, die mit massiven Eingriffen in die Grundrechte des einzelnen einhergehen, gefährden eine Kultur und Ordnung der Freiheit.

Kultur des Lebens und des Todes

Ganz konkret seien an dieser Stelle als Beispiele die ethisch und rechtlich höchst problematischen Regelungen des deutschen Gesetzgebers zum Schwangerschaftsabbruch (§§ 218, 218a StGB) und zur Präimplantationsdiagnostik genannt. Würde und Freiheit des einzelnen, auch des ungeborenen Menschen, sind nur insoweit sicher, als dass sein Recht auf Leben gegen Angriffe von außen verteidigt wird. Eben diesen Schutz versagt der Staat dem eigentlich schützenswertesten, da schutzlosesten und unmündigsten Individuum der Gesellschaft, dem ungeborenen Menschen. Bei der unter Einschränkungen legalisierten Präimplantationsdiagnostik (Gesetz zur Regelung der Präimplantationsdiagnostik vom 21. November 2011) wird dieses Unrecht noch einmal um eine die Menschenwürde verletzende Selektionskomponente erweitert – mit der Folge, dass Individuen, die bestimmte genetische Merkmale nicht erfüllen, als „lebensunwertes" Leben ihrem eigenen Schicksal überlassen werden.

An dieser Stelle tritt das Recht des Schwächeren gegenüber dem Recht des Stärkeren zurück – ein Unrechtszustand, den es in einer Kultur der Freiheit und des Lebens eigentlich nicht geben dürfte. Die leise Aushöhlung des Lebens- und Freiheitsrechts des einzelnen führt langsam hinein in eine Unrechtsspirale, bei der sich jeder einzelne rechtfertigen muss, warum er denn ein Recht auf Leben und Freiheit haben soll. Dies hat vor allem Folgen für die Schwächsten unserer Gesellschaft: das ungeborene Leben, die Sterbenden, die Schwerkranken, die Behinderten und andere Minderheiten. Wenn das Recht des Schwächeren dem Recht des Stärkeren weicht, sind wir auf dem Weg in eine archaische Kultur des Unrechts und der Unfreiheit. So weit ist es mit dem Verfall der Freiheit gar nicht.

Sehr treffend pointierte der 2008 verstorbene Widerstandskämpfer Philipp Freiherr von Boeselager, der persönlich am Attentat gegen Hitler vom 20. Juli 1944 beteiligt war, diesen Zustand: „Die Nationalsozialisten standen mit ihrer Anmaßung, über ‚lebensunwertes' Leben zu richten – seien es Behinderte, ‚Fremdrassige' oder sozial Andersartige – in geistiger Tradition der atheistisch-jakobinischen Französischen Revolution und der blutigen kommunistischen Herrschaft seit 1917. Und sie finden ihre Nachfolger in allen Heutigen, soweit diese danach streben, menschliches Leben zu relativieren. Seit 1976, seit der Novellierung des Paragraphen 218, sind in Deutschland laut Dunkelziffer vermutlich bis zu acht Millionen ungeborene Kinder dieser neuen Hybris zum Opfer gefallen. Eine ethische Katastrophe unerhörten Ausmaßes!"[3]

---

[3] Philipp Freiherr von Boeselager, Appell für Lebensschutz und gegen Abtreibung, in: Junge Freiheit vom 22. September 2006, S. 1.

Der Weg hinein in eine Kultur des Unrechts

Freiheit ist nicht erst dann gefährdet, wenn sich ein Staat gegen die Mehrheit seiner Bürgerinnen und Bürger bzw. gegen die Gesamtbevölkerung richtet, seinem Volk Freiheitsrechte verwehrt und Freiheitskämpfer immer wieder durch gezielte Eingriffe schikaniert. Die Freiheit aller und der Wert der Freiheit als solcher sind bereits dann gefährdet, wenn sich ein Staat gegen eine kleine Minderheit richtet und ihnen Freiheitsrechte und Würde abspricht. Die deutsche Geschichte beweist uns dies: Nicht nur ein absolutistischer Staat, der dem Staatsvolk insgesamt die Freiheit verweigert – denken wir an die Zeit des Vormärz –, ist ein unhaltbarer Zustand, sondern auch ein Staat, der einer großen Mehrheit in der Bevölkerung Freiheit gewährt, einem bestimmen Kreis von schwachen und unmündigen Individuen allerdings die Freiheit abspricht.

Mit dem heute propagierten „Recht auf Abtreibung", der begrenzten Zulassung der Präimplantationsdiagnostik und der Liberalisierung des Schutzes am Ende des Lebens haben wir eine Phase erreicht, in der Würde (Art. 1 Abs. 1 GG), Freiheit (Art. 2 Abs. 1 GG) und Lebensrecht (Art. 2 Abs. 2 GG) des einzelnen immer mehr verwässert werden und dem Recht des Stärkeren bzw. der Allgemeinheit zum Opfer fallen. Eine solche Entwicklung ist für eine Nation, die bereits so manche

Erfahrung mit der Abgrenzung von „unwürdigem" und „lebensunwertem" Leben gemacht hat, geradezu fatal. Wir steuern langsam auf ein Unrechtssystem zu, bei dem der einzelne – wenn er dies überhaupt kann – seine eigene Existenz und sein Recht auf Leben rechtfertigen muss: Wieso bin ich eigentlich (noch) hier? Was bringe ich der Allgemeinheit? Wieso sollte ich weiterleben dürfen?

Latenter Bewusstseinswandel in der Bevölkerung

Es ist erschreckend, wie schnell und gravierend sich der gesellschaftliche Konsens mit Blick auf den Schutz menschlichen Lebens verschoben hat. Was früher noch klar als rechtswidrig und strafbar gesehen wurde, ist mittlerweile gesellschaftlich akzeptiert und legalisiert. Die Abtreibung eines ungewollten oder behinderten Kindes, das der Mutter – aufgrund sozialer Umstände – zur „Last" fallen würde, wird heute von einer breiten Mehrheit als gerechtfertigt angesehen. Über den ethischen Dammbruch mit Blick auf die Menschenwürde jedes einzelnen macht sich kaum jemand Gedanken.

Ähnliche Verschiebungen des Unrechtsbewusstseins stellt man auch fest auf dem Gebiet von Familie und Ehe. Ohne hier parteipolitisch werden zu wollen: Es fällt auf, wenn sich der gesellschaftspolitische „Trend" im Laufe der Zeit von der Eigen- zur Fremdbetreuung von Kindern verlagert. Auch die Wahlfreiheit der Eltern zwischen Eigen- und Fremdbetreuung gehört als Voraussetzung einer echten Wahlfreiheit zwischen Familie und Beruf (Art. 2 Abs. 1 GG) zu einer freiheitlichen Verfassungsordnung dazu. Eine solche Wahlfreiheit zwischen Familie und Beruf muss dann allerdings auch so konsequent umgesetzt werden, dass nicht nur die Fremdbetreuung von Kindern gefördert und ermöglicht wird, sondern auch die Eigenbetreuung von Kindern, was gerade für alleinerziehende Väter und Mütter zum Problem werden kann. Die Rechtsrealität scheint sich hier immer mehr von den Vorgaben der Verfassung zu entfernen, bestimmt doch Art. 6 Abs. 2 Satz 1 GG: „Pflege und Erziehung der Kinder sind das natürliche Recht der Eltern und die zuvörderst ihnen obliegende Pflicht." Der Verfassungsgeber wertet die Erziehung von Kindern durch ihre eigenen, leiblichen Eltern als verfassungsmäßige „Normalität" – sowohl als Recht als auch als Pflicht der Eltern. Je weiter der Staat von dieser Vorgabe abweicht, sollte er die Folgen für das Verfassungs- und Rechtsbewusstsein der Menschen bedenken: Hält ein Staat durch seine Gesetzgebung nicht an den Vorgaben seiner eigenen Verfassung fest, so höhlt er diese aus und schafft auch im Bewusstsein der Menschen einen Verfassungswandel.

Die hier angeführten Beispiele aus dem Bereich des Lebens-
schutzes und der Familienpolitik zeigen, dass die fundamen-
talen Prinzipien unserer Gesellschaft – Menschenwürde (Art.
1 Abs. 1 GG), Freiheit (Art. 2 Abs. 1 GG), Recht auf Leben (Art.
2 Abs. 2 GG) – auch heute nicht ganz ungefährdet sind. Das
obige Zitat von Philipp Freiherr von Boeselager aus dem Jahr
2006 belegt die ideologischen Parallelen zwischen national-
sozialistischer Eugenik und der geltenden Legalisierung des
Schwangerschaftsabbruchs. Heute, wenige Jahre später,
hat sich dieser Zustand nicht verbessert, sondern sogar noch
verschlechtert. Neue technische und medizinische Errun-
genschaften machen die Selektion „lebenswerten" und „le-
bensunwerten" Lebens noch einfacher. Die Forschung ist
darum bemüht, die Entstehung menschlichen Lebens und
die Zusammensetzung seiner genetischen Anlagen ganz in
menschliche Hände zu überführen. Man spricht bereits vom
„Designerbaby". Je weiter die Forschung auf diesem Gebiet
voranschreitet, desto gefährlicher wird das Leben für die
Schwachen unserer Gesellschaft. Die Legalisierung der Präimplantationsdiagnostik belegt noch einmal, dass auch ein
an die Verfassung gebundener Gesetzgeber nicht davor zu-
rückschreckt, bestimmte ethische Schwellen zu überschrei-
ten. Viel erschreckender ist es allerdings, dass bei der Ein-
führung genetischer Selektionsmethoden der Aufschrei der
Bevölkerung kaum zu hören war. Über das Versagen des
Gewissens hilft auch das „Gutmenschentum" unserer Zeit

nicht hinweg, das sich etwa in einem ökologischen Trend niederschlägt. Wer die Würde und Freiheit des Menschen auch nur in einem Einzel- oder Extremfall außer Kraft setzt, der stellt das Postulat der Menschenwürde ganz grundsätzlich in Frage. Oft sind es die kleinen Schritte und die kleinen Nuancen des Gesetzgebers, die über viele Jahre hinweg einen grundlegenden Meinungswandel in der Bevölkerung vorantreiben und langsam in eine politische Ideologie hineinführen.

Zivilcourage als Aufmerksamkeit für das Unbemerkte und Unscheinbare

Wenn wir heute an Zivilcourage denken, so fallen uns meist die kleinen Beispiele des Alltags ein: tugendhaftes Engagement im Angesicht offensichtlichen und eklatanten Unrechts – das Einschreiten eines mutigen Bürgers, der Zeuge eines tätlichen Angriffs auf einen Schwachen wird – die scharfe Zurechweisung von Mitbürgern, die in der Öffentlichkeit Müll zurücklassen oder Schäden verursachen. Dies ist allerdings nur eine, sicherlich wichtige Form von Zivilcourage. Hinzu kommt das Engagement in der Form des mutigen Aufmerksammachens auf solches Unrecht, das nicht offensichtlich und augenscheinlich hervortritt, etwa dann, wenn die Einschränkung von Freiheit leise und unscheinbar geschieht. Auch bei unscheinbarem und erst langsam durchbrechenden Unrecht den Finger in die Wunde zu legen erfordert viel mehr Mut als auf offensichtliches Unrecht hinzuweisen und ggf. tätig zu werden. Hier erhalte ich schnell Mitstreiter und Sympathisanten, dort – bei unscheinbarem und unbemerktem Unrecht – ernte ich schnell Unverständnis und Kritik, so wesentlich mein Einsatz auch ist.

Der freiheitlich-säkulare Rechtsstaat lebt von Voraussetzungen, die er selbst nicht schaffen kann – so das berühmte Böckenförde'sche Diktum. Auch unser freiheitlich-demokratischer Rechtsstaat ist weder „Freiheits-Automatismus" noch besitzt er Immunität gegen Angriffe auf die Freiheit von außen. Auch Beamte, Minister, Regierungschefs, Richter und Politiker sind Menschen – und damit fehlbar und empfänglich für Ideen von außen. Gerade unsere deutsche Geschichte beweist uns, wie schnell eine kleine ideologische Minderheit zu einer Mitläufer- und Mehrheitsmeinung werden kann. Was ist, wenn unsere Politiker versagen? Was geschieht, wenn selbst die „Hüter der Verfassung", die Richter am Bundesverfassungsgericht, die Verfassung nicht mehr hüten?

Zivilcourage als Mut zur Freiheit

Zivilcourage bedeutet Mut zur Freiheit. In erster Linie ist eben der Bürger Garant und Bürge der Freiheit. Der Bürger muss seine Stimme für die Freiheit erheben. Er muss darauf aufmerksam machen, wenn sich im Staat leise oder gar laut Versuche abzeichnen, die Freiheit zu untergraben. Dies kann unter ganz verschiedenen Deckmänteln geschehen: unter dem Deckmantel des Gemeinwohls und der Gerechtigkeit, unter dem Deckmantel von Emotionalität und Gefühl, von Prävention und präventiver Sicherheit, von Gleichberechtigung und „Gender". Die Erfahrung zeigt, dass es gerade Politikern – aus der Innensicht des „politischen Geschäfts" – nicht immer auffällt, wenn Politik auf die „schiefe Bahn" gerät, wenn sie ihren verfassungsmäßigen Auftrag überschreitet, wenn sie die Menschenwürde des je einzelnen (Art. 1 Abs. 1 GG) als Würde des je anderen missversteht, wenn aus Freiheit (Art. 2 Abs. 1 GG) plötzlich Willkür wird und die Grenzen von Ehe und Familie (Art. 6 Abs. 1 GG) verschwimmen.

Hier ist der Bürger gefordert. Er muss Verantwortung übernehmen, wenn der freiheitliche Staat versagt und seine eigene Grundlage, den hohen Wert der Freiheit, latent oder offensichtlich ausverkauft oder aushöhlt, wenn er die Freiheit des einzelnen der Freiheit des Kollektivs unterordnet oder die Freiheit im Namen der Freiheit zerstört oder missbraucht.

Wir stehen heute keineswegs an einem historischen Wendepunkt wie 1918, 1933, 1945 oder 1989. Demokratie wird nicht plötzlich in Diktatur, Freiheit nicht in Unfreiheit umschlagen. Es steht kein Systemwandel bevor. Aber dennoch vollzieht sich ein gefährlicher Wandel, und zwar *im* System – ein latenter, aber ohne Unterlass voranschreitender Wandel und Verfall der Freiheit unter dem Vorzeichen der Freiheit. Angesichts dessen sollten wir uns in Deutschland immer wieder auf den Grundwert unserer Gesellschaft mit seinen Vorzügen zurückbesinnen: die Freiheit.

Es erfordert auch heute noch großen Mut, in bestimmten Situationen für die Freiheit einzutreten – wenn Freiheit im Namen der Freiheit verleugnet wird, wenn Freiheit gegen die Freiheit der Allgemeinheit ausgespielt wird. Einzelne Anwendungsbeispiele habe ich bereits aufgeführt. Ich habe großen Respekt vor Menschen in unserem Land, die die Werteordnung unserer Verfassung auch gegen eine politische Mehrheit und in aller Konsequenz verteidigen. Wir alle können zu dieser Gruppe gehören. Doch leider fehlt uns oft der Mut oder auch das Interesse, uns überhaupt mit der Freiheit anderer zu beschäftigen – solange es uns gut geht.

Doch wo die Freiheit einer bestimmten Gruppe oder einer kleinen Minderheit eingeschränkt wird – sei es der Ungeborenen oder der Sterbenden –, steht auch unsere eigene

Freiheit auf dem Spiel. Wo die Würde des Menschen in einem bestimmten Einzelfall hinterfragt wird, wird bald auch die Menschenwürde als solche hinterfragt – eine nicht ganz abstrakte Gefahr, auch 60 Jahre nach dem Inkrafttreten des Grundgesetzes. Es lohnt sich also auch heute, für die Freiheit einzutreten – allein um einen 8. Mai 1945 oder einen 9. November 1989 nicht erneut erforderlich zu machen. Freiheit und Würde sollten es uns wert sein.

Erstveröffentlichung der Beiträge

Die Revolution der Freiheit, in: Apelt, Andreas H./ Jesse, Eckhard (Hrsg.), Deutsche Einheit. Blick zurück – Blick nach vorn, Berlin 2011, S. 41 – 50.

Kultur der Freiheit, in: Apelt, Andreas H./ Jesse, Eckhard/ Stache, Heide (Hrsg.), Werte und Wertewandel. Was hält die Gesellschaft zusammen?, Halle 2012, S. 49 – 55.

Nation der Freiheit, in: Apelt, Andreas H./ Gebhardt, Heide/ Jesse, Eckhard (Hrsg.), Nation 2012? Was bedeutet Nation heute und welchem Wandel unterliegt sie?, Halle 2013, S. 25 – 35.